LES
LANGUES VIVANTES
AVANT ET APRÈS LA GUERRE

PAR

HENRY MONTUCCI

PROFESSEUR AGRÉGÉ D'ANGLAIS AU LYCÉE SAINT-LOUIS, À PARIS

PARIS

CH. DELAGRAVE et Cie, LIBRAIRES-ÉDITEURS

58, RUE DES ÉCOLES, 58.

1871

BIBLIOTHÈQUE NATIONALE — R F — ESTAMPES

DÉPÔT LÉGAL — 1499.

X.

LES

LANGUES VIVANTES

AVANT ET APRÈS LA GUERRE

———

Après bien des luttes contre le préjugé et le mauvais vouloir, la nécessité d'assigner une large place aux langues vivantes dans notre enseignement public est enfin universellement reconnue. La bienveillance platonique qu'elles ont pendant longtemps rencontrée chez une partie du public est devenue une conviction générale, d'autant plus profonde qu'elle découle d'une triste expérience.

On a vu l'officier, et même le soldat allemand, parfaitement au courant de notre pays, sachant non-seulement se faire comprendre pour tout ce qui pouvait concerner le ravitaillement et les réquisitions, mais sachant lire nos journaux pour y recueillir des renseignements utiles, sachant interroger les paysans sans l'intermédiaire d'un interprète souvent infidèle, intercepter lettres et dépêches et en lire le contenu, surprendre les conversations intimes des prisonniers et en faire son profit, et enfin rédiger soi-même au besoin, en mauvais français si l'on veut, mais intelligiblement, les ordres et les notifications qu'il importait de faire connaître aux habitants des localités envahies.

Et l'on s'est alors demandé avec anxiété si nos soldats auraient pu en faire autant en Allemagne. La réponse ne pouvait être que négative.

Douloureusement frappé de cette infériorité manifeste, chacun a cherché alors à se l'expliquer. L'enseignement des langues vivantes n'est-il pas régulièrement introduit dans nos lycées? Ne fait-il pas partie des programmes? N'a-t-il pas sa place marquée dans le concours général? A qui alors la faute de cette ignorance si fatale? Faut-il en accuser l'administration, ou chercher les coupables dans le corps des professeurs?

Répondre catégoriquement à ces questions, sous lesquelles se cache un reproche au corps auquel j'ai l'honneur d'appartenir; repousser certaines attaques plus ouvertes et non moins injustes dont nous sommes l'objet; indiquer enfin à quelles conditions l'enseignement des langues vivantes pourra, selon moi, devenir fructueux, tel est le but que je me suis proposé dans les pages suivantes.

I

Le Passé.

Rien, on le sait, n'est plus difficile à déraciner qu'un préjugé. S'il fallait une nouvelle preuve de cette vérité vingt fois séculaire, on la trouverait dans l'article inqualifiable du *Figaro* du 19 octobre 1871, signé du pseudonyme de *Covielle*, et dont l'auteur, après avoir signalé avec approbation la circulaire du 10 du même mois relative aux langues vivantes, s'exprime ainsi :

« .....Je préviens M. Simon qu'il n'aura accompli aucun progrès tant qu'il persistera à faire enseigner l'anglais et l'allemand dans les lycées par des Anglais et par des Allemands.

« Cela a l'air d'un paradoxe, mais rien n'est plus conforme à la vérité. J'en appelle à tous ceux qui ont fait leurs études dans les lycées : la classe hebdomadaire de langues vivantes a-t-elle jamais été pour les élèves autre chose qu'une sorte de récréation supplémentaire consacrée à l'imitation des animaux employée à faire bouquer le professeur de toutes les façons ?

« Celui-ci, plus ou moins familiarisé avec notre langue, ne se montrait-il pas constamment incapable de maintenir les écoliers dans le devoir, punissant à tort et à travers, et n'ayant, grâce à son accent, pas plus de prestige que le premier Bourbeau venu ?

« Un professeur français n'aura pas de peine à mieux tenir sa classe. Les élèves s'amuseront peut-être moins, mais ils apprendront davantage. Quant à la pureté de la prononciation, on obtiendra le nécessaire aisément, et on ne sacrifiera pas à ce luxe le sérieux des études. »

Cet article prouve, à n'en pas douter, une chose : c'est que M. Covielle n'a certainement pas profité de l'enseignement auquel il assistait, puisqu'il appelle *un luxe* la prononciation, c'est-à-dire l'instrument principal par lequel on parvient à se faire comprendre en pays étranger.

Il n'est certes pas toujours poli de demander l'âge d'une personne, néanmoins je serais bien aise de connaître celui de M. Covielle. Que peut-il avoir ? Quarante à quarante-cinq ans ? A cet âge-là il n'est pas impossible qu'il ait assisté aux scènes qu'il raconte. Il est même très-possible qu'il n'ait eu qu'une classe par semaine, et non moins possible qu'il ait eu un professeur prenant pour bons de mauvais alexandrins.

Mais tout cela, c'est de l'histoire ancienne, M. Covielle. Il est bien vrai qu'il y a eu un temps où le personnel, ramassé au hasard, était fort mêlé.

Il y avait alors parmi les professeurs des gens presque illettrés, aux manières vulgaires, sachant à peine le français, et enseignant leur langue maternelle d'une façon toute matérielle; ou bien, s'ils étaient Français, ils avaient appris tant bien que mal, en voyageant, un peu d'anglais ou d'allemand, et étaient incapables d'en communiquer les premières notions à leurs élèves. Je pourrais citer tel lycée, dans ces temps déjà lointains, où le professeur d'anglais ne savait qu'expliquer, et où par conséquent on ne faisait pas de thèmes.

Comme conséquence inévitable, les élèves, s'apercevant bientôt de l'ignorance de leurs professeurs, les méprisaient, et la discipline s'en ressentait effectivement à tel point, que les classes de langues vivantes passaient, non sans quelque raison, pour des espèces de ménageries.

Ce fut M. Villemain qui, par un arrêté du 2 novembre 1841, mit un terme à cet état de choses, en instituant le *brevet d'aptitude*. M. Covielle n'en a jamais entendu parler, n'est-ce pas? Par cette excellente mesure, la porte du lycée se trouva fermée au premier venu: pour être professeur de langues vivantes, il fallait *savoir*, et de plus faire preuve d'avoir passé par la filière d'une éducation classique. En peu d'années, le personnel se trouva épuré, et la discipline y gagna.

Toute discipline d'ailleurs vient d'en haut, M. Covielle. Avec les professeurs de langues vivantes, les administrations anssi se sont améliorées, et M. Covielle doit être bien étonné d'apprendre qu'au lieu d'avoir à « punir à tort et à travers, » nous n'avons presque plus de discipline à faire, parce qu'elle se fait toute seule, parce que nos élèves ont de la tenue et respectent leur professeur; et ce miracle, M. Covielle, s'est fait très-simplement, d'une part en choisissant pour professeurs des hommes capables, bien exercés en littérature, et par conséquent doués d'un certain tact qui se perfectionne par l'expérience, et d'autre part en soutenant ces professeurs vis-à-vis des élèves.

Savez-vous comment les choses se passaient, M. Covielle, au temps où vous étiez moutard? Quand le professeur de langues vivantes donnait une consigne, il rencontrait le dimanche suivant sa victime se promenant sur le boulevard avec papa et maman. Aujourd'hui, c'est autre chose. Consigne donnée, consigne faite. Voilà comment agissent aujourd'hui, M. Covielle, les administrations des lycées, et voilà pourquoi tout va bien.

D'autre part, M. Covielle, il n'est guère prudent de s'aventurer en pareille matière sur le terrain des anecdotes, car on trouve toujours des gens qui en savent de plus belles. Croyez-moi, chaque historiette que vous pourriez citer à l'appui de votre thèse, trouverait aisément son pendant du côté opposé. Au demeurant, je vous ferai simplement remarquer que jamais le licenciement d'une division dans un lycée n'a eu lieu par le fait des professeurs de langues vivantes.

Les temps sont bien changés, M. Covielle, depuis les beaux jours où on vous mettait aux arrêts au lycée. Il est passé de l'eau sous les ponts depuis ce temps-là, et trois révolutions par-dessus nos têtes. A l'époque où vous étiez le désespoir de votre professeur de langues vivantes, M. Covielle, et plus encore de votre pion, qui était français pourtant, on se moquait des langues vivantes; aujourd'hui on trouve qu'elles ne sont pas tout à fait à dédaigner. Déjà en 1848, M. Vaulabelle, par son arrêté du 11 octobre, instituait l'agrégation pour les langues vivantes, assimilait les professeurs de cette branche à leurs collègues des autres, rendait les langues vivantes obligatoires à partir de la classe de cinquième, leur assignait enfin une place dans l'examen du baccalauréat et au concours général. M. de Falloux consacra cet arrêté par son règlement du 10 février 1849.

On peut dater de cette époque la véritable admission des langues vivantes dans le giron universitaire. Mais cet enseignement n'était pas encore pratique; on s'obstinait toujours à lui donner les allures des études latines et grecques, et tel inspecteur qui par mégarde s'égarait dans une classe de langues vivantes, enjoignait au professeur de ne pas exercer devant lui les élèves à la conversation, parce que lui, inspecteur, ne la comprenait pas.

Faire un pareil aveu, c'était d'abord paralyser tout effort dans ce sens-là ; aussi les professeurs se contentaient-ils de faire faire des devoirs écrits et d'expliquer Schiller ou Milton.

Mais c'était de plus une maladresse officielle, car c'était déconsidérer l'inspection, L'enfant, assez malin pour cela, devait se dire : « Alors, que venez-vous inspecter? » En effet, on ne conçoit pas qu'un inspecteur de langues vivantes n'en ait pas connaissance. Comment alors juger de la méthode? comment donner des conseils au professeur? comment s'assurer que le programme est fidèlement observé? comment enfin juger des résultats obtenus? Mais c'était comme cela.

M. Fortoul supprima l'agrégation et le concours général. Il n'aimait décidément pas les langues vivantes; néanmoins il leur maintint leur caractère obligatoire et leur accorda, à partir de la troisième, deux heures une fois par semaine. Pour la forme elles figuraient au programme du baccalauréat et à l'agrégation, mais cela n'avait rien de sérieux. On voulait pouvoir dire aux partisans des langues vivantes : « Vous voyez bien que nous ne négligeons rien; si les élèves n'apprennent pas, la faute en est aux professeurs. » Et ce que l'on reprochait le plus vivement à ces derniers, c'est que les élèves n'arrivaient pas à parler.

C'était d'abord faux : car les bons élèves, ceux qui voulaient travailler, apprenaient à parler quand même; ou du moins, lorsqu'ils étaient transportés dans un milieu favorable, la faculté de parler leur venait-elle en peu de jours, grâce à la préparation qu'ils avaient reçue de leurs professeurs. Mais d'autre part ceux-ci pouvaient demander à leurs adversaires, si avec dix fois plus de temps que l'on consacrait au latin et au grec les élèves arrivaient à parler ces langues?

M. Rouland se montra très-bienveillant à l'égard des langues vivantes, mais il n'en remania pas l'enseignement. Le ministre dont l'administration fait époque dans cette branche, ce fut M. Duruy.

Je ne sais pas si dans les autres branches ce ministre a mérité les reproches qu'on ne lui a pas ménagés, mais ce que je sais, c'est que les langues vivantes n'ont eu à se plaindre, ni de son bon vouloir, ni de l'opportunité des réormes qu'il a introduites. Si tout n'était pas absolument à l'abri de la critique, on doit lui accorder l'honneur d'avoir été le premier à entrer dans une voie essentiellement pratique.

Elle consistait à faire commencer l'étude des langues vivantes à partir de la sixième, à exiger de nombreux exercices oraux afin d'habituer les élèves à la conversation, et à faire régulièrement inspecter les classes par des hommes compétents. Il rétablit enfin le concours général. S'il n'avait pas rendu facultative l'étude des langues vivantes à partir de la troisième, en détruisant ainsi l'œuvre accomplie pendant les trois premières années, et s'il leur avait ménagé une part sérieuse dans l'examen du baccalauréat, son système aurait été à peu près inattaquable.

Les ministères Bourbeau et Segris ont duré trop peu de temps pour avoir pu laisser des traces.

En résumé, depuis trente ans l'enseignement des langues vivantes, toujours ballotté par des revirements dans un sens ou dans l'autre, toujours luttant, tantôt contre l'indifférence, tantôt contre l'hostilité déclarée, s'est constamment amélioré, et il n'est pas aussi stérile en résultats que M. Covielle veut bien le prétendre. Toutefois, au point de vue pratique, il n'a eu encore qu'une seule période favorable à son développement, celle de 1863 à 1870, interrompue par la guerre étrangère et civile, au moment même ou l'on aurait pu compter sur une moisson longuement attendue.

II

Le Présent.

Aujourd'hui les conditions du problème sont entièrement changées. La perte de deux provinces, cinq milliards à payer, ont fait ouvrir les yeux, et l'on s'avoue qu'un bataillon sachant l'allemand aurait pu nous être utile.

Aussi l'administration s'en est-elle sérieusement émue, et la circulaire ministérielle du 10 octobre 1871 inaugure une ère nouvelle pour les langues vivantes. L'enseignement devient désormais obligatoire pour toutes les classes, jusques et y compris la rhétorique; le nombre d'heures de classe est considérablement augmenté, et enfin — et ceci est une véritable victoire — les langues vivantes vont occuper une place sérieuse dans l'examen du baccalauréat ès lettres, sanction si longtemps demandée en vain.

Voilà d'excellentes mesures qui, n'en doutons pas, porteront leur fruit. Il n'en devient que plus urgent de mettre l'administration en garde contre les écueils auxquels elle pourrait se heurter en chemin.

Le premier de ces écueils, c'est la difficulté de trouver sur-le-champ un personnel suffisant et habile. On a vu les inconvénients qu'a produits dans l'origine cette nécessité d'un recrutement abandonné au hasard, et l'on doit se garder d'en fournir un deuxième exemple, puisque l'augmentation du nombre de classes, et celle des heures pour chacune, ne peut s'effectuer qu'au moyen d'un accroissement correspondant dans le personnel. Dès lors on comprend les obsessions auxquelles doit être exposée, à l'heure qu'il est, l'administration, pour les places qui seront à créer. Elle sera étonnée du nombre de personnes qui se déclareront capables d'entreprendre la rude tâche d'enseigner une langue vivante, et peut-être deux ou trois, sans avoir subi aucune épreuve. Elle doit se méfier, car, si la source manque de pureté, le ruisseau qui en sort sera inévitablement entaché de corruption.

L'idéal d'un bon professeur de langues vivantes, c'est sans contredit un homme ayant eu l'avantage d'une éducation classique soignée, et possédant la langue qu'il enseigne au point de la parler couramment, et de l'écrire non-seulement correctement mais avec élégance. A défaut de publications dans la langue étrangère, on doit pouvoir exiger de lui un style épistolaire sans tache, et une facilité extrême dans l'art de traduire du français dans la langue qu'il doit enseigner ; enfin une prononciation exempte de provincialismes, et une connaissance parfaite de la langue française, surtout au point de vue de la prononciation.

Avouons humblement que cet idéal est fort difficile à réaliser. Prend-on pour professeur un étranger, on pourra voir remplies la plupart des conditions relatives à sa langue maternelle, mais le français pourra laisser à désirer. Confie-t-on au contraire l'enseignement à un Français, on sera tranquille sur le compte de la langue de Racine, mais en sera-t-il de même à l'égard de la langue étrangère ?

Ce qui tend surtout à nous faire concevoir des doutes à cet égard, c'est la légèreté avec laquelle quelques jeunes gens croient pouvoir embrasser la carrière de l'enseignement des langues vivantes. Pour celles-ci, tout est bon. Un jeune homme qui n'espère pas réussir dans une autre branche, suit pendant une année une classe de langues vivantes, puis il s'en va passer les vacances dans une ville frontière, ou à Londres, où il s'installe près de Leicester-Square ; et là, entouré de Français, il s'imagine pouvoir se perfectionner au point d'enseigner.

Une autre circonstance défavorable aux professeurs d'origine française, c'est que, tandis que l'étranger, par son séjour dans notre pays, améliore journellement son français, notre compatriote, même lorsqu'il a parfaitement acquis la langue étrangère, la perd souvent de jour en jour, d'abord faute d'un milieu favorable pour la cultiver, et ensuite par la tendance toute naturelle qu'il a, de parler plutôt le français que sa langue étrangère. Un professeur français de langues vivantes, s'il est consciencieux, ne doit pas laisser s'écouler un seul jour sans cultiver, tantôt d'une manière, tantôt d'une autre, la plante exotique qu'il s'est acquise. Eh bien, ce sentiment n'est pas toujours aussi vivace qu'il pourrait l'être. Voici à ce sujet une petite anecdote qui appartient déjà à l'histoire ancienne.

X..., professeur d'anglais en province, était très-ferré sur la grammaire et sur les auteurs d'outre-Manche ; mais, au point de vue de l'organe, la nature l'avait traité en véritable marâtre. Des inspecteurs de langues vivantes lui en avaient fait l'observation, et il en était désolé. « Prenez, lui dit l'un d'entre eux, une femme anglaise : vous aurez ainsi l'occasion de perfectionner journellement votre prononciation. »

L'avis fut goûté, et bientôt notre collègue alla chercher une madame X... en Angleterre. Au bout de quelques années, le même inspecteur rencontra X... quelque part, et, ayant appris de lui qu'il était effectivement marié à une Anglaise : « A la bonne heure, mon cher X..., lui dit-il ; vous avez suivi mon conseil, et je suis persuadé que maintenant, avec l'exercice incessant que vous avez, votre prononciation a dû s'améliorer considérablement? «

— En effet... oui... comme cela..., répond en hésitant notre homme. C'est que je trouve un immense plaisir à enseigner le français à madame X...! »

Obéissant à la réserve que m'imposent mes antécédents personnels, je me borne à signaler le danger qu'il y a à faire des choix précipités, et je passe à d'autres inconvénients : ceux-ci à la charge des parents.

Jusqu'ici, en effet, les familles n'ont pas fait de grands efforts pour aider les professeurs de langues vivantes en exerçant sur leurs fils une pression salutaire. Peut-être le feront-elles sous le nouveau régime, mais quant à présent la plupart d'entre elles n'en ont pas toujours reconnu la nécessité.

Il arrive assez souvent que nous recevons du père ou de la mère d'un externe une lettre ainsi conçue :

« Monsieur, — Mon fils n'a pas pu faire son devoir d'anglais, par suite des devoirs qu'il a eu à faire pour les autres classes. »

Ou bien :

« Mon fils n'a pas pu faire le pensum que vous lui avez donné, n'ayant pas eu le temps. »

Ou bien encore :

« Mon fils ayant passé la journée d'hier à la campagne, n'a pas pu faire son pensum pour vous. »

Il est fort rare que nos collègues des autres branches d'enseignement reçoivent des lettres pareilles : elles nous sont d'ordinaire exclusivement réservées. Il va sans dire que nous passons outre, comme c'est notre devoir, et que l'élève qui s'appuie sur ses parents pour nous désobéir n'en est que plus sévèrement puni ; car nous tenons particulièrement au droit dont nous a investis l'administration, d'être les maîtres chez nous ; mais alors notre sévérité nous attire assez souvent des visites désagréables, où le père nous prouve, comme deux et deux font quatre, que nous avons tort.

Il va sans dire que les internes, placés sous la surveillance immédiate des autorités du lycée, ne jouissent pas d'une protection si mal entendue ; aussi les punitions sont-elles plus rares chez eux, parce que généralement ils évitent soigneusement d'en mériter. Une sévérité bien entendue a toujours pour effet de dispenser de punir ; mais que penser, en voyant de pareilles missives, de la faiblesse des parents et du peu de cas qu'ils font d'un enseignement qu'ils réclament, et dont la non-réussite est mise par eux sur le compte de l'incapacité du professeur ?

Mais il y a mieux. Un cancre se voit-il souvent puni par le professeur d'allemand, par exemple ? Il va s'en plaindre à ses parents, et demande à quitter l'allemand pour l'anglais, ou réciproquement. Les parents y consentent, et alors il arrive dans une classe déjà avancée, sans savoir le premier mot de la langue nouvelle qu'il a bien voulu adopter. Alors il reste là sans rien faire, et s'expose ainsi à de nouvelles punitions, non moins sévères que celles auxquelles il a voulu se soustraire.

Cet inconvénient se reproduit aussi sous une autre forme, sans que ce soit la faute de l'élève. L'allemand est prescrit pour l'École polytechnique, l'anglais pour l'Ecole navale. Des circonstances de famille obligent quelquefois un élève qui se destinait à la première à opter pour la seconde, ou réciproquement. Il se trouve alors nécessairement dans le même cas déjà indiqué, celui d'avoir à commencer par les éléments au milieu d'une classe déjà fort avancée.

On voit contre quels formidables éléments d'insuccès nous avons eu à lutter jusqu'ici. Quant au dernier que je viens de signaler, la circulaire du 10 octobre promet d'y apporter un remède, en instituant une classe pour les retardataires.

Mais je ne saurais trop insister sur ce principe, de s'en tenir à la langue qu'on a commencée, et de ne pas passer de l'une à l'autre. Une seule est déjà bien difficile à apprendre; si l'on y mêle les éléments d'une deuxième, on risque fort de n'en apprendre aucune.

III

L'Avenir.

Après avoir esquissé l'état actuel de l'enseignement des langues vivantes, revenons au programme si fécond que s'est tracé le ministre, et voyons par quels moyens on pourra en obtenir la réalisation.

Nous nous heurtons dès le début à une difficulté immense, celle du temps. L'élève a par semaine vingt heures réglementaires de classe; ajoutons-y au moins cinq heures en dehors du temps ordinaire, et nous arrivons à un minimum de vingt-cinq heures d'enseignement actif. Or pour chaque classe il y a des devoirs à faire : il ne faut pas compter moins de quatre heures par jour pour les faire consciencieusement. Total général, en ne comptant que cinq jours par semaine, quarante-cinq heures, soit neuf heures de travail par jour.

Avouons que pour un enfant, et même pour un adolescent, c'est à un fardeau énorme. Je sais qu'on empiète sur le jeudi et sur le dimanche, mais c'est toujours empiéter sur un repos nécessaire. L'enfant n'est pas une machine que l'on puisse faire marcher à toute vapeur ; il est à un âge où il faut songer autant au développement du physique qu'à celui du moral.

Il est donc absolument impossible de le surcharger davantage, et il faut chercher dans quelque suppression le temps nécessaire pour l'accroissement que l'on compte donner à l'étude des langues vivantes, et à celle de la géographie qui fait l'objet d'une autre circulaire.

Le latin et le grec absorbent, on ne saurait le nier, la part du lion dans l'enseignement. La première de ces langues est absolument nécessaire, d'abord parce qu'autrefois tous les littérateurs et savants, dont les ouvrages sont très-précieux, s'en servaient, et ensuite parce que, dans l'ouest de l'Europe, elle joue encore le rôle très-important de langue universelle. Un ouvrage coûteux, qui ne peut compter que sur un nombre fort restreint d'acheteurs, ne peut être utilement écrit qu'en latin.

Il en est tout autrement du grec, qui, à part les mots qu'on lui emprunte pour les sciences, et qu'il serait facile de recueillir dans un petit dictionnaire étymologique, n'a d'autre utilité chez nous que l'agrément de sa magnifique littérature.

Rendons facultative l'étude du grec (1).

(1) Ici je me rencontre sur le même terrain avec M. A. Stanislas Leszczynski, professeur d'allemand à Rouen. Malheureusement les arguments qu'il apporte à l'appui de sa thèse dans le mémoire qu'il a publié à ce sujet ne sont pas de nature à m'émouvoir. La nécessité seule peut me déterminer à proposer la suppression du grec, dont la littérature est infiniment supérieure à celle de l'allemand. Aucun poëte moderne n'a encore pu écrire une scène comme celle de *Cassandre* dans l'*Agamennon*, ni un chœur comme celui des *Choéphores*. Shakspeare lui-même n'a rien de pareil

Certes, je ne suis pas suspect d'hostilité pour le grec, moi qui en fais depuis vingt ans mon délassement. Mais la nécessité politique des langues vivantes prime toute autre considération. Si j'étais dans l'Orient de l'Europe, je maintiendrais le grec, et je demanderais la suppression du latin ; mais nous sommes Occidentaux, et dès lors il nous faut le latin, et nous pouvons nous passer du grec. On l'étudie avec peu de profit du reste, si j'en juge par l'usage qu'on en fait. Ne dit-on pas *anesthésique* au lieu *d'anesthéique*, *géodésique* au lieu de *géodétique?*

Le temps étant ainsi trouvé, reste la méthode.

Quel doit être le but auquel il faut viser dans la nouvelle organisation des langues vivantes? Evidemment de faire parler : car, pour faire comprendre les auteurs, on y arrivait il y a vingt ans. Dès lors le premier soin, celui sur lequel insistait M. Duruy lorsqu'il introduisit les langues vivantes en sixième, ce doit être de mettre l'élève à même de faire des phrases aussitôt que possible, dès la première semaine même. Le moyen d'y réussir, je l'ai traité dans ma brochure intitulée : *les Langues vivantes et la circulaire du 29 septembre* (1), à laquelle, après l'avoir soigneusement relue, je ne trouve rien à ajouter, abstraction faite de la circonstance qu'aujourd'hui nous commençons dès la huitième. Les principes exposés restent les mêmes : il ne peut y avoir de modification que dans les détails.

Mais comme dans cette brochure je ne m'occupe que de l'anglais, et qu'on m'a souvent objecté que ce système ne pourrait pas s'employer pour l'allemand à cause de la complication des nombreuses déclinaisons de cette langue, je

Quant à la valeur stratégique de l'allemand pour la France, je suis le premier à la reconnaître, mais je ne vois pas sur quoi mon honorable collègue se fonde pour refuser cette valeur à l'anglais? Est-ce parce que l'Angleterre a joué en 1421 le même rôle que l'empereur Guillaume en 1871? ou parce qu'elle fut le plus ferme soutien de la coalition ? ou parce qu'elle a gagné Waterloo? Ce n'est pas lorsque nous serons aux prises avec nos voisins d'outre-Manche, cher collègue, qu'il sera temps d'apprendre l'anglais.

(1) Paris, Tandou et Cie (Delagrave et Cie). 1864.

vais essayer de démontrer que cette difficulté est loin d'être insurmontable.

Que faut-il pour faire des phrases? Le verbe avant tout. Eh bien, qu'on laisse de côté les déclinaisons au début, et que l'on prenne, l'un après l'autre, les trois auxiliaires *haben, sein* et *werden*, Pendant le premier mois, on ne fera que conjuguer ces trois verbes, en entre-coupant cet exercice de la lecture *d'un seul et même morceau*, où ne figureront que ces trois verbes dans des phrases comme celles-ci : *Ich habe Geld ; du bist gross ; er wird stark*. De cette façon les élèves apprennent d'abord les pronoms personnels au nominatif, et tous les substantifs et adjectifs contenus dans le morceau, où l'on ne rencontre ni déclinaisons ni articles.

Au début du deuxième mois, on prendra l'article le plus simple, *ein*, et on le fera décliner, sans pour cela abandonner les trois auxiliaires. On fera en même temps lire pendant une semaine (car il y a moins à apprendre d'emblée) un deuxième morceau, où ne figureront que les trois verbes, l'article *ein*, des attributs, et des substantifs, surtout les féminins, parce qu'ils sont indéclinables au singulier. Ainsi les phrases seront comme celles-ci : *Ich habe einen Stock ; sie ist eine Feindin ; er wird ein Mann werden*.

La semaine suivante sera consacrée à *der, die, das*, avec un nouveau morceau de lecture, ou figureront cette fois des pluriels finissant en *en*. Et toujours de nouveaux noms et adjectifs, que les élèves apprendront par cœur.

On voit qu'au bout de trois mois on aura pu faire digérer aux élèves les trois verbes et les déclinaisons des substantifs, sauf les exceptions : celles-ci peuvent attendre. On abordera maintenant l'indicatif du verbe régulier simple, moyennant lequel les phrases que l'on pourra faire deviendront extrêmement abondantes, et même assez longues, comme celle-ci, par exemple : *Er hat dem Vater die ganze Sache gesagt*, où il suffit d'avoir dit aux élèves, sans plus de détails, que le participe passé se met à la fin de la phrase. On peut du reste aussi utiliser les verbes irréguliers à l'infinitif pour les futurs.

BIBLIOTHÈQUE NATIONALE R. F. IMPRIMÉS

Nous n'en sommes encore avec tout cela qu'au quatrième mois. Le cinquième sera utilisé pour les adjectifs possessifs et les pronoms ; le sixième sera consacré aux prépositions, que l'on fera apprendre par cœur ; le septième aux adverbes les plus nécessaires ; le huitième aux conjonctions, et les deux derniers mois à la révision.

Et tout cet enseignement sera fortifié par des lectures et des explications, où seront soigneusement évitées toutes les difficultés de la langue.

Inutile de tracer ici en détail l'enseignement de la deuxième année, et qui, comparé à celui de la première, ne sera plus qu'un jeu. On y abordera les verbes irréguliers les plus nécessaires, le subjonctif, et ce qui reste à dire sur les substantifs et les adjectifs, notamment leurs degrés de comparaison. On aura déjà de quoi faire parler et faire des phrases au tableau.

A partir de là, ce qu'il y a de plus urgent, ce sont les phrases usuelles et les dialogues. Cet instrument d'enseignement a été trop délaissé jusqu'ici. On a cru pouvoir y suppléer en faisant apprendre par cœur le morceau expliqué. C'est une fatale erreur. Quand on aura appris par cœur un morceau d'histoire romaine, saura-t-on seulement dire *bonjour ?* C'est le langage *familier* qu'il faut apprendre, et pour cela il n'y a que le dialogue, le dialogue, et encore le dialogue !

Ce que je dis là s'applique à toutes les langues.

Comme auxiliaire du dialogue, je recommande la comédie. On en a d'excellentes faites pour les enfants, et je voudrais les voir introduites dès la quatrième année.

Le choix des livres du reste est d'une grande importance. Pour l'anglais, on a eu la malencontreuse idée d'adopter le *Vicaire de Wakefield*, livre immoral au premier chef ; et comme comédie, l'*Ecole de la médisance*. Je me demande si ce sont là des livres à expliquer en classe ?

Forester est un très-bon livre ; les deux premiers voyages de *Gulliver* peuvent aussi s'adapter aux classes : mais de haute littérature et de poëtes, le moins possible, et tout au plus comme hors-d'œuvre, si l'on veut un enseignement vraiment pratique.

On peut, en un mot, esquisser de la manière suivante un bon plan d'enseignement : la grammaire à doses fractionnées, en y choisissant de préférence, et *hors de leur ordre méthodique*, les choses les plus urgentes pour la conversation ; lecture et explication à plusieurs reprises d'un même morceau, jusqu'à ce qu'il ait été fouillé dans tous les sens au point de vue de la prononciation et de l'analyse ; phrases usuelles et dialogues appris par cœur ; thème improvisé au tableau, exercice capital, où chacun doit faire soi-même sur le cahier la phrase dictée en français, afin de pouvoir ensuite signaler les fautes commises par l'élève qui a écrit au tableau ; parler aux élèves en langue étrangère le plus possible, en se faisant traduire ce qu'on a dit ; et se faire répondre dans la même langue ; puis enfin arriver à se faire raconter des anecdotes, des fables, des traits historiques sans préparation. Et tous ces exercices, aidés de devoirs écrits, sagememt entre-mêlés, afin d'éviter la monotonie.

Mais avant tout, si l'on veut réussir, il faut établir l'*unité de marche*. Si dans tel lycée le professeur suit le programme que je viens de tracer, tandis que dans tel autre le professeur suit servilement le livre de classe, en faisant lentement absorber à l'élève une cinquantaine de thèmes où il n'est question que du verbe *avoir*, une cinquantaine d'autres entièrement consacrés au verbe *être*, et ainsi de suite, renonçant à toute initiative et indépendance, fuyant le thème improvisé comme compromettant, et se rabattant sur la version, d'une part il y aura une immense disproportion dans les résultats, et d'autre part le professeur habile verra son enseignement entravé par l'arrivée d'élèves d'autres lycées, qui, après trois ou quatre années de langues vivantes, ne seront pas à la hauteur des siens de première année.

Eh bien, pour atteindre cette unité de marche si désirable, il n'y a qu'un moyen : celui des inspections fréquentes faites par des hommes compétents, sortis eux-mêmes des rangs de l'enseignement, propageant les méthodes rapides, et veillant à ce que partout le même programme d'études soit exactement suivi. L'inspecteur ne doit pas faire en classe une vaine apparition : il doit lui-même prendre en main l'enseignement, interroger, faire travailler au tableau, parler et faire parler, et enfin prendre note des résultats obtenus, et faire en particulier au professeur les observations nécessaires.

Et pour cela il faut, non-seulement un programme d'études, mais aussi un *programme unique d'inspection.*

Celui que je m'étais formé moi-même dans les inspections dont j'ai été plusieurs fois chargé, me semble de nature à remplir le but. Il exige, pour son exécution, une heure pour chaque classe ; car on doit les inspecter toutes. Il ne débute que par la sixième, parce qu'alors les langues vivantes n'étaient pas encore, comme aujourd'hui, enseignées en septième et en huitième. Il est aisé de le compléter, mais je me borne à le donner ici tel qu'il m'a servi :

PROGRAMME D'INSPECTION

On exige, au bout de sept mois, d'une classe de

SIXIÈME OU PREMIÈRE ANNÉE :

Qu'elle sache décliner, conjuguer positivement, négativement et interrogativement ; lire et expliquer jusqu'à trois pages de texte déjà vues, improviser des phrases sur ces textes, et comprendre dans la langue étrangère tous les petits commandements de classe ;

CINQUIÈME OU DEUXIÈME ANNÉE :

Qu'elle sache faire tous les exercices ci-dessus, conjuguer les verbes irréguliers, traduire à livre ouvert un texte non vu mais facile ; répondre à toutes les questions de lexicologie grammaticale, écrire au tableau sous la dictée du professeur, comprendre tant bien que mal les choses faciles qu'on lui dit ;

QUATRIÈME OU TROISIÈME ANNÉE :

Qu'en outre elle ait vu toute la syntaxe ; qu'elle sache faire un thème passable au tableau, traduire à livre ouvert un morceau difficile non vu, comprendre et répondre tant bien que mal ;

COURS INFÉRIEUR :

Comme la sixième ;

COURS INTERMÉDIAIRE OU QUATRIÈME ANNÉE :

Que le français en soit presque entièrement banni ; qu'on puisse y faire faire des thèmes improvisés au tableau ; raconter une histoire quelconque dans la langue vivante, être compris, et la faire répéter dans la langue vivante ;

COURS SUPÉRIEUR OU CINQUIÈME ANNÉE :

Que l'on puisse demander aux élèves de raconter dans la langue étrangère le sujet d'une fable de Lafontaine prise au hasard, ou bien une histoire racontée d'abord en français par l'inspecteur, et qu'enfin une conversation suivie puisse s'établir sur le même sujet.

Principes d'après lesquels est appréciée la valeur collective des classes, et la faculté de parler.

1° La classe dont un tiers s'est trouvé à la hauteur du programme, et dont un autre tiers n'a pas été trouvé trop au-dessous, a la note *cinq*. Les notes *quatre* et *trois* indiquent *bien* et *assez bien*. Les notes *deux* et *un* indiquent l'absence de toute tentative d'exercice oral, et une faiblesse générale.

2° Un élève est marqué comme parlant *couramment*, lorsque, tout en faisant des fautes, il parle vite, sans hésiter et sans chercher les mots, et lorsqu'il comprend du premier coup *tout ce qu'on lui dit* en parlant vite ;

3o Un élève est marqué comme parlant *péniblement*, lorsque, connaissant tous les mots que connaît le précédent, il ne les trouve pas tout de suite ; lorsqu'il cherche et hésite, mais finit par dire ce qu'il veut sans le secours d'autrui ; lorsqu'enfin il ne comprend que ce qu'on lui dit lentement, et qu'on est quelquefois obligé de répéter la phrase.

4° Un élève est censé *ne pas parler du tout*, s'il ne peut exprimer sa pensée ou traduire une phrase sans que le professeur lui suggère quelques mots, et enfin s'il ne comprend qu'à moitié ce qu'on lui dit.

Tel est le programme que j'ai scrupuleusement exécuté dans mes inspections ; et j'ai réussi au bout de peu d'années, autant que les changements de professeurs le permettaient, à introduire de l'unité dans l'enseignement dans la partie de la France qui m'était confiée.

Le dernier mot de l'enseignement des langues vivantes en France doit être : Unité d'enseignement, unité de programme d'inspection, unité de système dans les examens.

PARIS. — IMPRIMERIE ADRIEN LE CLERE, RUE CASSETTE, 29.

OUVRAGES DU MÊME AUTEUR
EN VENTE A LA MÊME LIBRAIRIE

COURS GRADUÉ DE LANGUE ANGLAISE

Théorie et Exercices, par M. H. MONTUCCI, agrégé pour les langues vivantes, professeur d'anglais au lycée Saint-Louis :

I. COURS ÉLÉMENTAIRE.

1er degré (*cl. de* 6e), Recueil de Versions, précédé des règles les plus nécessaires de la grammaire, par **M. H. MONTUCCI**. 1 vol. in-12. Prix, broché.. ... 60 c.
— — cartonné .... 70 c.
2e degré (*cl. de* 5e), Versions et Phrases usuelles, précédées d'un Précis de Grammaire, par LE MÊME. 1 vol. in-12. Prix, broché... 80 c.
— — cartonné.................................... 90 c.
3e degré (*cl. de* 4e), Syntaxe, avec Versions et Thèmes, pour exercices, et précédée d'un Précis de Grammaire, par LE MÊME. 1 vol. in-12. Prix, broché.................................... 1 fr. »
— — cartonné.................................. 1 fr. 10

II. COURS SUPÉRIEUR.

Éléments de la Grammaire anglaise, contenant un traité de prononciation anglaise d'après un nouveau système raisonné. 3e édit. entièrement refondue. 1 vol. in-12. Prix, cartonné............. 1 fr. 50

Premières lectures anglaises, ou Nouveau recueil de morceaux de prose et de poésie, avec la prononciation marquée d'après un nouveau système raisonné, et accompagné de nombreuses notes historiques et grammaticales. Ouvrage destiné aux classes élémentaires d'anglais· 2e édit. revue. 1 vol. in-12. Prix, cartonné.............. 2 fr. 25

Nouveau cours de thèmes gradués, accompagnés de notes et suivis de vocabulaires spéciaux.
— *Livre de l'élève*. 3e édition revue par l'auteur. 1 vol. in-12. Prix, cartonné.. 2 fr. 50
— *Livre du maître* .... 3 fr. 50

Dialogues anglais, précédés d'un traité raisonné de prononciation et d'un vocabulaire de termes techniques, etc., *ouvrage spécialement composé pour les élèves qui se destinent au commerce, aux arts, aux sciences, aux armées de terre et de mer.* 2e édition, considérablement augmentée. 1 vol. in-12. Prix, cartonné......... 2 fr. 50

Dialogues anglais, précédés d'un traité raisonné de prononciation et d'un vocabulaire de termes techniques, etc., *ouvrage spécialement composé pour les jeunes personnes.* Prix, cartonné...... 2 fr. 50

DE L'ENSEIGNEMENT ACTUEL DE LA LANGUE ANGLAISE, ou
Réflexions critiques sur les diverses méthodes en usage, par M. H. MONTUCCI. Prix, broché.. 30 c.

LES LANGUES VIVANTES DANS LES LYCÉES. Réflexions de
M. H. MONTUCCI. Prix, broché.............................. 30 c.

www.ingramcontent.com/pod-product-compliance
Lightning Source LLC
LaVergne TN
LVHW021446060726
842527LV00006B/2089